Dekorative Fensterketten

Das Fenster ist und bleibt der beste Ort, einen Raum besonders schön zu schmücken. Wenn Sie Bewegung, viele kleine Teile und edle Materialien mögen, dann sind die Fensterketten in diesem Buch genau das Richtige für Sie.

Entzückende Motive für jeden Raum – für Küche, Bad, Wohnzimmer oder Kinderzimmer – und verschiedene Anlässe, wie Halloween, Weihnachten oder Neujahr, werden kombiniert mit Perlen, Spiegelchen und Schleifen, Flitter und Glimmer, Klunkern und Glöckchen. Länge und Anzahl der Ketten können Sie Ihrem Fenster ganz individuell anpassen.

Meine Ideen bieten Anregungen für jeden Geschmack und jedes Alter. Lassen Sie sich anstecken und fädeln Sie mit!

Pia Pedevilla

IHRE GRUNDAUSSTATTUNG

Diese Materialien und Werkzeuge sollten Sie auf jeden Fall zur Hand haben, denn sie werden in den Materiallisten nicht gesondert aufgeführt.

- festes Transparentpapier (für Schablonen)
- weicher Bleistift, Bleistiftspitzer, Radiergummi
- feine Filzstifte in Rot und Schwarz (Augen und Mund)
- Lackmalstift in Weiß (Lichtpunkte etc.)
- Buntstifte in vielen Farben
- mittelgroße spitze Schere, Nagelschere
- Bürotacker
- Cutter mit geeigneter Schneideunterlage
- Lineal
- Nadel und Faden (Nähseide, Nylonfaden)
- Zirkel oder Prickelnadel
- feines Schmirgelpapier, Messer
- Sprühkleber
- Alleskleber Kraft, Klebestift, Heißklebepistole, z. B. UHU
- Schaschlikstäbchen
- Blumendraht in Braun, ø 0,35 mm
- Quetschperlen in Gold und Silber, ø 0,35 mm
- Flachzange für Schmuck

Hinweis: Mit „Rest" ist immer ein Stück gemeint, das maximal A5 groß ist.

So wird's gemacht

1 Die Vorlagen mit Bleistift auf festes Transparentpapier übertragen und ausschneiden. Diese Schablonen auf das Papier in der gewünschten Farbe legen, mit einem Bleistift umfahren und ausschneiden. Abgerundete Formen lassen sich leichter mit einer kleinen Nagelschere schneiden, gerade Schnitte gelingen am einfachsten mit einem Cutter. Dabei muss immer eine feste Unterlage verwendet werden; Kinder sollten damit nicht unbeaufsichtigt arbeiten!

2 Farbige Punkte werden mit Lackmalstift oder Filzstift gesetzt. Fotokarton-Dessins, die wie Stoff aussehen, kann man ganz einfach selber machen. Vor dem Ausschneiden mit einem Buntstift ca. 1 cm breite Karos aufzeichnen und mit einer anderen Farbe dann Linien dazwischen ziehen.

3 Mithilfe des Vorlagenbogens die Einzelteile positionieren, zusammenkleben und zusätzlich dekorieren oder bemalen und beschriften. Draht- oder Wellpappespiralen entstehen, indem man den Draht eng um einen Bleistift oder ein Stäbchen wickelt und eventuell etwas auseinander zieht.

Zusammenfügen von Ketten

Die Ketten können auf zweierlei Weise zusammengefügt werden. Entweder werden alle Teile mit einer Nadel durchstochen und aufgefädelt bzw. miteinander verknotet, oder alle Motivteile aus Papier werden doppelt (beidseitig) gearbeitet und der Faden wird dazwischengeklebt. Dies ist nicht nur stabiler als das erste Verfahren, sondern sieht auch besser aus, da die Ketten sich oft drehen und dann von beiden Seiten gleich schön aussehen.

1

2

3

Tipps und Tricks

▶ Bei der Motivhöhe ist immer ein einzelnes Element der Kette angegeben (z. B. Blüte). Die Länge der Kette ist variabel, daher ist die Zahl der Perlen etc. ebenfalls beliebig und meist nicht angegeben. Richten Sie sich ggf. nach der Abbildung.

▶ Die Gesichtslinien mit Filzstift oder Buntstift aufmalen, Wangen oder Schattierungen mit Buntstift aufbringen. Dazu mit Schmirgelpapier, einem Messer oder einem Bleistiftspitzer etwas Farbe von der Stiftspitze schaben und mit dem Zeigefinger verreiben. In die Augen und auf die Nase wird mit weißem Lackmalstift häufig ein Lichtpunkt gesetzt.

▶ Die einzelne Kette kann, wie auf einigen Fotos zu sehen ist, auch zu mehreren nebeneinander hängenden Ketten umgestaltet werden. Passen Sie die Länge und Anzahl der Ketten Ihrem Fenster an.

▶ Einen plastischen Effekt erzielt man, wenn Teile mit Klebepads unterlegt werden wie z.B. Ärmel oder Kartonnase.

Hinweis: Wenn Kinder bei den Bastelarbeiten mithelfen, lassen Sie sie den Cutter nie allein benutzen. Auch die Heißklebepistole gehört nicht in Kinderhände.

Blütengirlanden in Blau-Grün-Tönen

→ ein Hauch von Frühling

MOTIVHÖHE
Blumenkette
ca. 7 – 9 cm
Libellenkette
ca. 13 cm

MATERIAL BLUMEN-KETTEN
- Transparentpapierrest in Blau
- Regenbogentransparentpapierreste in Violett-Blau- und Grünverläufen
- Transparentpapierrest mit Blüten in Violett und Hellblau
- Tonpapierreste in Türkis und Violett
- Wachsperlen in Weiß, ø 1 cm
- 3 Nuggets in Hellblau, ø 1,2 cm
- Glasperlenmix in Grün-Blau-Tönen
- Glasfacettenperlen in 1 x Blau, 4 cm lang, oval; 1 x Grün, ø 2,3 cm, rund
- Quetschperlen in Silber

LIBELLENKETTE
- Fotokartonreste in Weiß, Hellblau, Pink, Hellgrün und Blau
- Transparentpapierrest mit Ranken in Weiß
- Regenbogentransparentpapierrest in Grünverläufen
- künstliche Staubgefäße in Gold, ø 7 mm
- Spiegelchen, 1,5 cm x 1,5 cm
- Glasperlenmix in Grün-Blau-Tönen
- Glasfacettenperle in Blau, ø 1,5 cm, rund
- Quetschperlen in Silber

VORLAGEN-BOGEN 1A

Blumenkette

1 Die großen Blüten und die Blätter aus Transparentpapier ausschneiden. Die Blätter in der Blattmitte ein wenig falzen.

2 Nun die Blätter und Perlen wie abgebildet auffädeln, dabei Raum für die Blüten freilassen. Unter den Perlen jeweils eine Quetschperle anbringen, damit die Perlen nicht verrutschen können.

3 Die kleinen Blüten ausschneiden. Den Faden jeweils zwischen eine kleine und eine große Blüte legen und festkleben. Zum Schluss die Nuggets in den Blütenmitten fixieren.

Libellenkette

1 Alle Teile ausschneiden und das Gesicht gestalten.

2 Die Einzelteile der Libelle wie abgebildet zusammenkleben.

3 Zuletzt die Libelle, Blätter und Perlen zu einer Kette zusammenfügen. Die aufgefädelten Teile durch Quetschperlen bzw. Knoten fixieren.

Lustige Kinderketten

→ einfach niedlich

MOTIVHÖHE
ca. 8 cm (Clown)

MATERIAL
- Fotokartonreste in Weiß, Pink, Meergrün, Hellblau, Blau, Hellgrün, Schwarz, Hautfarbe, Rot, Grün und Orange
- Regenbogentonpapierrest in Rot-Orange-Verlauf (Haare Clown)
- Transparentpapierreste mit Streifen in Gelb, Rot, Grün und Blau
- Motivpapierreste in Grün-Weiß und Gelb-Weiß kariert
- Holzlinsen in Gelb, 12 mm x 5 mm
- Holzperlen in Hellgrün, Blau und Weiß, ø 7 mm
- Zahnstocher
- Metallglöckchen, ø 15 mm, je 1 x in Gelb, Weiß, Grün und Rot

VORLAGENBOGEN 1A

1 Für den Clown alle Teile ausschneiden, das Gesicht dekorieren und zusammenkleben. Die Streifen für die Papierhaare auf einem Schaschlikstäbchen kräuseln und von hinten am Kopf fixieren. Einen weißen Lichtpunkt auf die Banderole am Zylinder aufmalen.

2 Für den Bär ebenfalls alle Teile ausschneiden, zusammenkleben und das Gesicht bemalen. Das blaue Schild mit weißem Lackstift beschriften und auf ein Stück hellgrünen Fotokarton kleben. Diesen rundherum so abschneiden, dass ein Rand von ca. 2 mm entsteht. Die Pfoten befestigen.

3 Die gestreiften Schleifen gemäß der Vorlage übertragen und ausschneiden. Die Streifen hinten zusammenkleben und um die Mitte das Rechteck wickeln und fixieren.

4 Für den Ball sechs Kreise ausschneiden (2 x Hellgrün, 2 x Hellblau und 2 x Meergrün), jeweils in der Mitte mithilfe eines Zirkels und des Lineals anritzen und falzen, dann immer zwei Hälften aneinander kleben. In der Mitte den Faden einlegen.

5 Die Spiralen ausschneiden und oben ein Loch einstechen. Den Faden durch das Loch führen.

6 Das Windrad ausschneiden und mit dem Zirkel an den markierten Stellen die Löcher einstechen. Von hinten die Nadel mit Faden durchschieben, ein Loch nach dem anderen auffädeln, am Schluss die Perle aufziehen und wieder zurück nach hinten stechen. Ein Stück Zahnstocher hinten einlegen und rundherum einen Knoten machen.

7 Alle weiteren Elemente fertig stellen und schön abwechselnd am Faden befestigen. Dabei die Papierteile und Perlen jeweils mit Kleber fixieren, damit sie nicht abrutschen.

Tipps: Diese Kette kann dreiteilig oder einteilig gearbeitet werden. Die Ketten sind auch ein tolles Türschild für das Kinderzimmer!

Niedliche Eierlieferanten

→ für fröhliche Ostern

MOTIVHÖHE
Hühnerkette
ca. 11 cm (Henne)
Hasenkette
ca. 16 cm (Hase)

MATERIAL HASENKETTE
- Fotokartonreste in Hellbraun, Weiß, Hellgrün, Rot und Orange
- Band in Grün-Weiß kariert, 6 mm breit, 15 cm lang
- Sisal in Grün

HÜHNERKETTE
- Fotokartonreste in Weiß und Hellblau
- Regenbogenfotokartonrest in Gelb-Orange-Verläufen
- Tonpapierrest in Rot
- Sisal in Grün
- Organzaband in Grün, 2,5 cm breit, 10 cm lang (je Schleife)
- Wachsperlen in Hellblau, ø 8 mm
- Blumendraht in Schwarz, ø 0,35 mm

VORLAGENBOGEN 1A

Hasenkette

1 Den Hasenkopf ausschneiden und die Ohren schattieren. Das Gesicht aufmalen und die Nase fixieren.

2 Das Schild beschriften und auf ein Stück grünen Karton kleben, dessen Rand bis auf 1 mm Abstand beschnitten wird. Nun die vier Pfoten aufkleben, den Kopf von hinten fixieren und die Schleife um den Hals binden.

3 Für die Karotten den orangefarbenen Karton mit einem Buntstift-Muster versehen (siehe Seite 2/3), die Karotten zuschneiden und ein bisschen Sisal als Kraut daran kleben.

4 Nun alle Teile auffädeln.

Hühnerkette

1 Alle Teile für die Hennen ausschneiden. Den blauen Fotokarton für die Eier mit Buntstiften bemalen und dann erst ausschneiden.

2 Den Kopf jeder Henne bemalen und den Schnabel fixieren. Den Kamm bemalen, einschneiden und aufsetzen. Mit Kleber auf der Rückseite befestigen. Ein Sisalbüschel mit dem Organzaband zusammenbinden, auf den Hennenkörper kleben und darüber den Kopf fixieren. Die Köpfe abwechselnd nach rechts und nach links schauen lassen.

3 Die Wachsperlen jeweils auf ein Stück Blumendraht ziehen und die Drahtstücke kräuseln (siehe Seite 2). Nun die Einzelteile mit den Drahtstücken zusammenfügen.

FROHE
OSTERN!

Tropische Atmosphäre

→ Hibiskus und Kolibris

MOTIVHÖHE
Hibiskus-Kette
ca. 13 cm
Kolobri-Kette
ca. 13 cm

MATERIAL HIBISKUS-KETTE
- Tonpapier in Rot, Pink, Lila und Orange, A4
- Regenbogentransparentpapier in Grünverläufen, A3
- Blütenstempel in Lila und Rosa, ø 2 mm
- Glasperlen in Grün

KOLIBRI-KETTE
- Fotokartonrest in Californiablau
- Tonpapierreste in Pink, Lila, Eosin und Altrosa
- Regenbogenfotokartonrest in Grün-Verläufen
- Regenbogentransparentpapierreste in Blau-Violett- und Grün-Verläufen
- Transparentpapierreste in Rosa und Flieder
- Transparentpapierrest mit Blumen in Hellblau
- Glasperlen in Grün, ø 6 mm, und Türkis, ø 8 mm
- Strasssteine in Weiß, ø 6 mm
- Glasperle in Grün, ø 1,5 cm
- Glitter in Türkis und Grün

VORLAGENBOGEN 1A + 1B

Hibiskus-Kette

1 Die Blütenteile zuschneiden, übereinander kleben und mit der Zirkelspitze ein Loch in die Mitte stechen. Das Loch mit einem Schaschlikstäbchen vergrößern und die Blütenstempel fixieren.

2 Die Blattstängel aus Regenbogentransparentpapier zuschneiden und von hinten an die Blüte kleben. Alles auffädeln und jeweils zwei Perlen zwischen den Blüten aufnehmen. Unterhalb jeder Perlengruppe einen Knoten machen, um die Perlen zu fixieren.

Kolibri-Kette

1 Die einzelnen Teile ausschneiden. Den Körper der Kolibris mit Buntstift schattieren, das Auge mit weißem Lackmalstift und schwarzem Filzstift aufmalen und den Schnabel ankleben.

2 Den Flügel und den Schwanz aus Regenbogentransparentpapier falten und am Körper fixieren. Den Flügelansatz oben aufkleben. Flügel und Körper mit Glitter verzieren.

3 Auf jede Blume einen Strassstein als Blütenmitte setzen und die drei Blumen zusammenkleben. Die Einzelteile auffädeln. Dabei unterhalb jeder Perlengruppe einen Knoten machen, damit

Frühlingsboten

→ bunt und fruchtig

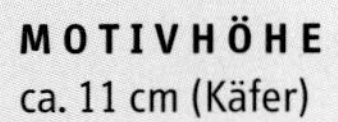

MOTIVHÖHE
ca. 11 cm (Käfer)

MATERIAL
- Fotokartonreste in Weiß und Schwarz
- Regenbogenfotokartonreste in Gelb-, Grün- und Rotverläufen
- Transparentpapierrest in Weiß
- Tonpapierrrest in Grün (Erdbeere)
- Motivlocher: Blume, ø 2,3 cm
- 2 künstliche Staubgefäße (je Käfer)
- 8 Pompons in Gelb, ø 7 mm
- Papierdraht in Weiß, 1 x 2 cm und 2 x 3 cm lang (je Käfer)

VORLAGENBOGEN 1A

1 Zuerst alle Einzelteile ausschneiden. Die Blätter aus Regenbogenfotokarton mit einem grünen Buntstift in der Mitte leicht schattieren, damit die Blattader entsteht.

2 Mit weißem Lackmalstift Punkte auf die Erdebeeren auftragen. Die Blumen aus Transparentpapier ausstanzen.

3 Die Gesichter der Insekten ausschneiden und bemalen, die Fühler und die Nase fixieren. Den Körper des Marienkäfers mit schwarzen Punkten, den der Biene mit Streifen bemalen. Die Papierdrahtstücke mit wasserfestem Filzstift schwarz bemalen und als Beine und Hals am Körper festkleben. Den Kopf und die Füße fixieren. Auf die Flügel mit Lackmalstift einen gestrichelten weißen Rand aufmalen und diese ebenfalls am Körper befestigen.

4 Die einzelnen Motive lose am Faden anordnen. Dann der Reihe nach auffädeln: Die Blüten durchstechen, den Faden durchziehen und dann den Pompon als Blütenmitte aufkleben. Bei Zitronen und Erdbeeren jeweils ein Blatt unter den Faden legen, die Frucht oben aufkleben und dann das obere Blatt darauf fixieren. Bei Käfer bzw. Biene wird der Faden am Kopf und am Körper durchgestochen und an der Einstichstelle mit schwarzem Filzstift übermalt. Zusätzlich einzelne Blätter auffädeln.

Tipp: Man kann die Motive auch für eine Kette mischen - entweder zu einer Bienen- und Marienkäferkette oder zu Obstketten in Rot- oder Gelbtönen.

Bunte Dorflandschaft

→ hübsche Häuschen

MOTIVHÖHE
ca. 10 cm (Schloss)

VORLAGEN-BOGEN 1B

MATERIAL

- Fotokarton in Weiß, A4
- Fotokartonreste in Blau, Hellgrün, Grün, Rot, Pink, Lila, Braun (Baumstämme), Hellbraun (Zäune) und Azurblau
- Tonpapierreste in Grün und Hellgrün (Blätter)
- Regenbogentransparentpapierreste in Gelb, Goldgelb, Grün, Blau, Flieder und Türkis
- 3 kleine Wäscheklammern, 45 mm x 7 mm

1 Alle Häuser aus weißem Fotokarton ausschneiden, die Fenster am besten mit Cutter auf einer Cut-Unterlage heraustrennen.

2 Den Fotokarton für die Dächer zuerst mit Filz- und Buntstiften mit Punkten oder Karomuster gestalten und dann zuschneiden und aufkleben. Hinter den Fenstern kleine Transparentpapier-Stückchen befestigen und auf diese mit passendem Filzstift das Fensterkreuz aufmalen.

3 Für den Zaun rechteckige Streifen übereinander kleben. Für die Bäume einen Wäscheklammer-Stamm mit braunem Fotokarton kaschieren. Die kleinen Blätter auf den Bäumen mit Filzstift aufmalen, die Blätter am Laubbaum entsprechend der Vorlage aus Tonpapier ausschneiden, dann falzen und fixieren. Für den Rauch aus dem Schornstein ein Stück Regenbogentransparentpapier kringeln.

4 Hinter die Häuser bzw. den Zaun einen weißen Faden kleben. Den Faden auch durch die Löcher in den Wäscheklammern fädeln.

Tipp: Diese Kette wird wesentlich stabiler, wenn die Motive alle beidseitig gearbeitet werden und der Faden zwischen die beiden Teile geklebt wird.

Schmetterling und Raupe

→ süße Spielgefährten im Kinderzimmer

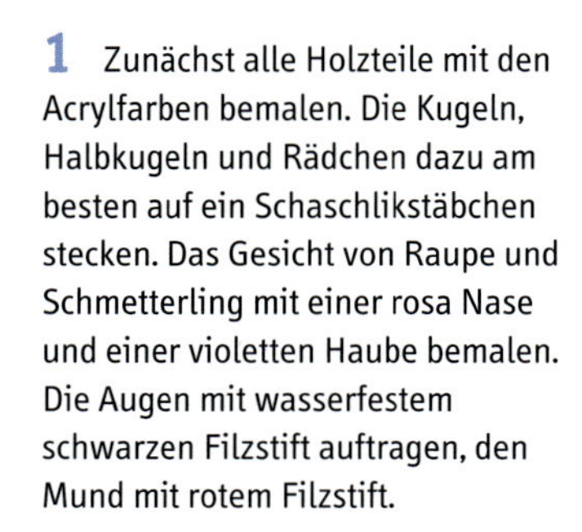

1 Zunächst alle Holzteile mit den Acrylfarben bemalen. Die Kugeln, Halbkugeln und Rädchen dazu am besten auf ein Schaschlikstäbchen stecken. Das Gesicht von Raupe und Schmetterling mit einer rosa Nase und einer violetten Haube bemalen. Die Augen mit wasserfestem schwarzen Filzstift auftragen, den Mund mit rotem Filzstift.

2 Die Teile für den Schmetterling aus Formfilz zuschneiden, ebenso die Blumen, Blätter und Kreise für die Raupe. Schmetterlingskörper, Flügel und Blätter mit Filzstiften bemalen. Die bemalten Holzhalbkugeln als Blütenmitten fixieren.

3 Nun alles zusammenfügen und wie abgebildet auffädeln, die Fäden zwischen Körper und Flügel kleben und die Blätter mit Klebstoff am Faden fixieren. Die Fühler aus Papierdraht sowie die Arme bei der Raupe befestigen. Die beiden Ketten am bemalten und mit Kugeln versehenen Holzstab anknoten und diesen aufhängen.

Tipp: Für das untere Ende einer Kette sehen Sie links eine Variante mit gebogener Raupe!

MOTIVHÖHE
ca. 5 cm (Blume)

MATERIAL

- Formfilzreste in Rosa, Gelb, Weiß, Hellgrün, Blau und Orange
- 4 Holzhalbkugeln, ø 1,5 cm
- 2 Holzringe, ø 3,5 cm
- 3 Holzrädchen, ø 1,6 cm
- 2 Holzkugeln, ø 2,5 cm (Köpfe)
- 2 Holzkugeln, ø 2 cm
- Holzperlen, ø 8 mm, 5 x Grün, 4 x Gelb, 2 x Pink, 3 x Hellblau
- 10 Holzperlen, ø 6 mm, in Grün
- Holzstab, ø 5 mm, 16 cm lang
- Acrylfarbe in Pink, Violett und Weiß
- Filzstifte in Grün, Rot und Lila
- Papierdraht, ø 2 mm, 2 x 7 cm in Hellgrün, 2 x 7 cm in Gelb

VORLAGEN-BOGEN 1B

Maritime Kette

→ mit kleiner Meerjungfrau

MOTIVHÖHE
ca.16 cm (Meerjungfrau)

MATERIAL
- Mobilefolie, 0,4 mm stark, A3
- Windowcolor-Konturenfarbe in Schwarz
- Windowcolor in Haut, Lila, Rot, Silberglitter, Türkis, Violett, Pink und Blau
- 5 Muscheln in verschiedenen Formen
- 20 kleine Schneckenhäuschen, ø ca. 3 mm
- 14 kleine Muscheln, ø ca. 1 cm
- 2 Seesterne in Weiß, ø 8 cm
- Seestern in Blau, ø 4 cm
- 8 Strasssteine in Weiß, ø 6 mm
- 26 Kristallschliff-Perlen in Hellblau, ø 6 mm
- 10 Wachsperlen in Weiß, ø 1 cm
- 6 Wachsperlen in Weiß, ø 6 mm
- 3 kleine Äste, ca. 7 cm lang
- 2 Äste, ca. 12 cm und ca. 19 cm lang
- Irisflitter in Türkis oder Aluglitter
- 3 Klangstäbe, 6 cm lang

VORLAGENBOGEN 1B

1 Die Vorlagen für die Motive unter die Mobilefolie legen und befestigen. Zunächst die Konturen von der Meerjungfrau, dem Seestern, der Muschel, dem Krebs und der Koralle auf die Mobilefolie aufmalen.

2 Nach dem Trocknen die Farben auftragen. Für Schattierungen die noch nassen Farben mit einem Zahnstocher ineinander rühren oder -ziehen. Irisflitter einstreuen und die Strasssteine bzw. Wachsperlen einlegen, solange die Farbe noch feucht ist.

3 Die gemalten Teile aus der Mobilefolie mit der Nagelschere ausschneiden. Die Kette arrangieren und wie abgebildet zusammenfügen. Dabei den Faden an Muscheln und Seesternen mit Heißkleber befestigen, an den Ästen mehrfach umwickeln und verknoten. Alles ausbalancieren.

Tipp: Sie können die Motive auch aus Fotokarton basteln und mit Farbstiften dekorieren.

Tutti frutti

→ für die Küche

1 Die Vorlagen für die Motive unter die Mobilefolie legen und befestigen. Die Konturen aufmalen und trocknen lassen.

2 Nach dem Trocknen die Farben wie abgebildet auftragen. Für Schattierungen die noch nassen Farben mit einem Zahnstocher ineinander ziehen.

3 Alles gut trocknen lassen (siehe Herstellerangaben) und die Motive mit der Nagelschere ausschneiden.

4 Die Früchte mit gekräuseltem Blumendraht und dazwischen aufgefädelten Glasperlen zu einer Kette reihen.

Tipp: Fädeln Sie die Früchte und das Gemüse doch mal waagerecht auf – das ergibt eine tolle Girlande!

MOTIVHÖHE
ca. 14 cm (Zitronen)

MATERIAL
- Mobilefolie, 0,2 mm stark, A3
- Windowcolor-Konturenfarbe in Schwarz
- Windowcolor in Gelb, Grün, Hellgrün, Dunkelgrün, Bernstein, Hellbraun, Braun, Orange, Hellrot, Rot, Dunkelrot, Pink, Karminrot, Blau, Violett, Haut, Weiß und Elfenbein
- 14 Glasperlen in verschiedenen Grüntönen
- Blumendraht in Braun, 0,5 mm stark

VORLAGENBOGEN 2A

Herbstketten

→ Halloween und Erntedank

Halloweenkette

1 Alle Teile aus Fotokarton ausschneiden und das Gesicht des Gespenstes gestalten. Die Nase aufkleben und die Klebepunkte, jeweils doppelt genommen, als Augen aufsetzen. Mit Filzstift schwarze Pupillen einzeichnen.

2 Auf das weiße Kartonquadrat mit schwarzem Filzstift das Karomuster aufmalen. Das Quadrat ausschneiden und auf ein an allen Seiten 1 mm größeres Quadrat in Gelb bzw. Orange kleben.

3 Beim Raben den Schnabel von hinten fixieren und die weißen Klebepunkte übereinander geklebt als Auge anbringen. Die Füße des Raben gemäß der Vorlage aus Draht biegen.

4 Nun die Motive an dem gekräuselten Draht befestigen und die Schleifen festbinden. Unten das Glöckchen anhängen.

Apfelkette

1 Die Blätter und die Äpfel aus dem Regenbogenfotokarton ausschneiden. Die Blattadern mit Buntstift aufmalen und auf jeden Apfel mit weißem Lackmalstift einen Lichtfleck setzen. Blätter und Stängel von hinten an den Apfel kleben.

2 Mit dem Auffädeln beim untersten Blatt beginnen. Jeweils das erste Holzplättchen bzw. das erste Stäbchen von unten mit der Heißklebepistole am Faden fixieren, damit nichts verrutschen kann.

MOTIVHÖHE
Halloweenkette
ca.10 cm (Gespenst)
Apfelkette
ca. 8 cm (Apfel)

MATERIAL HALLOWEEN-KETTE

- Fotokartonreste in Weiß, Schwarz, Gelb und Orange
- Klebepunkte in 4 x Gelb und 2 x Weiß, ø 1 cm
- Blumendraht in Braun, 0,5 mm stark
- Organzaband in Orange, 1 cm breit, 15 cm lang (pro Schleife)
- Fledermausglöckchen in Schwarz

APFELKETTE

- Regenbogenfotokarton, 50 cm x 70 cm
- Fotokartonrest in Braun
- Petys-Holzplättchen in 6 x Natur und 6 x Orange, 1,8 cm x 1,8 cm
- 6 Jutesticks in Hellgrün, ø 4 mm, 8 cm lang
- 3 kleine Zapfen
- Holzperlen in 10 x Rot und 4 x Natur, ø 8 mm

VORLAGENBOGEN 2A

Es wird Winter!

→ in Blau-Weiß

MOTIVHÖHE
Vogelkette ca. 13,5 cm (Vogelhaus)
Schneemannkette ca. 15 cm (Schneemann)

MATERIAL VOGELKETTE
- Fotokartonrest in Hellblau
- Wellpapperest in Hellblau
- Feinwellpapperest in Weiß
- Fotokartonreste in Blau-Weiß kariert und Blau-Weiß gestreift
- Transparentpapierrest in Weiß mit Punkten
- Zimtstange, 4 cm bis 5 cm lang
- 3 Holzperlen in Hellblau, ø 8 mm
- Metallglöckchen in Blau, ø 1,5 cm, kugelförmig

SCHNEEMANNKETTE
- Fotokartonreste in Hellblau, Blau, Orange und Weiß
- Transparentpapierrest in Blau mit Schneeflockenmotiv
- dickes Transparentpapier oder Pergamentpapier in Weiß
- Plusterfarbe in Weiß
- Holzperle in Hellblau, ø 8 mm
- Band in Hellblau-Weiß kariert, 6 mm breit, 40 cm lang

VORLAGENBOGEN 2A

Vogelkette

1 Alle Teile nach der Vorlage ausschneiden. Für das Haus die herzförmige Öffnung mit einer Nagelschere herausschneiden. Das Dach fixieren und den Boden befestigen. Die Glocke mit Hilfe eines Fadens einhängen.

2 Auf den Vogel aus Fotokarton von hinten den Schnabel und von vorne den Flügel aus Transparentpapier ankleben. Über ein Schaschlikstäbchen gekräuselte Wellpappestreifen als Schwanzfedern fixieren. Das Auge mit schwarzem Lackmalstift aufmalen und einen Lichtpunkt darauf setzen.

3 Nun alles wie abgebildet zusammenfügen.

Schneemannkette

1 Die Einzelteile für den Schneemann ausschneiden. Zuerst den Kopf gestalten: Das Gesicht bemalen, die Nase fixieren und die Mütze aufsetzen. Die Mütze und die Handschuhe mit Plusterfarbe dekorieren. Den Schal aus Transparentpapier von hinten am Kopf befestigen.

2 Für die Schneeflocke die Form aus dickem Transparentpapier ausschneiden, auf die Vorlage legen und den Kristallstern mit Plusterfarbe nachzeichnen. Gut trocknen lassen.

3 Zuletzt alles zusammenfügen. Dazu die Schneeflocken, die Holzperle und den Schneemannkopf mit einem Faden verbinden. Das Karoband mit Heißkleber von hinten am Schal befestigen und die Handschuhe ebenso auf dem Karoband fixieren.

Es weihnachtet sehr

→ stimmungsvoll

Gebäckkette

1 Zuerst alle Teile aus Fotokarton ausschneiden. Die weißen Teile auf die braunen Gebäckstücke kleben und mit Plusterfarbe konturieren.

2 Beim Rentier die Augen aufmalen, die Mundlinie mit Plusterfarbe aufzeichnen und das Geweih konturieren. Alles gut trocknen lassen.

3 Die Holzhalbkugeln rot bemalen und mit einem Lichtfleck versehen. Als Nase bzw. Gebäckverzierung aufkleben. Schleifen binden und auffädeln. Das Glöckchen unten anknüpfen.

Türkette

1 Zuerst alle Formen ausschneiden und wie abgebildet zusammenkleben.

2 Die Motive rundherum mit Glitter konturieren. Beim Baum die Kringel aufmalen und das Schild beschriften. Den Herzaufkleber im roten Kreis mit ein paar „Glitter-Stichen" dekorieren.

3 Die Schleifen und das Glöckchen anbringen, alles auffädeln und zusammenfügen.

MOTIVHÖHE
Gebäckkette
ca. 7 cm (Herz)
Türkette
ca. 12 cm (Baum)

MATERIAL GEBÄCKKETTE

- Fotokarton in Hellbraun und Weiß, A4
- 2 Rohholzhalbkugeln, ø 1,5 cm
- Acrylfarbe in Rot
- Band in Rot-Weiß kariert, 1 cm breit, 20 cm lang (pro Schleife)
- Glöckchen in Gold, ø 2,8 cm
- Plusterfarbe in Weiß

TÜRKETTE

- Fotokartonreste in Hellgrün, Weiß und Rot
- Tonpapierreste in Rot-Weiß und Grün-Weiß gestreift und Rot-Weiß kariert
- Plusterfarbe in Glittergrün und Glitterrot
- Glöckchen in Rot, ø 1,8 cm
- Band in Hellgrün-Weiß und Grün-Weiß kariert, 6 mm breit, je 20 cm lang
- Holzperle in Hellgrün, ø 8 mm
- Kunstbuchskranz, ø 7 cm

VORLAGENBOGEN 2B

Edle Sternenkette

→ ganz in Gold

MOTIVHÖHE
ca. 6 cm (Krone)

MATERIAL
- Flitter-Papier in Gold und Weiß, A4
- Fotokartonrest in Gold
- Plusterfarbe in Glittergold
- Wachsperlen in Weiß, 8 x ø 6 mm, 7 x ø 1,2 cm, 4 x ø 1 cm
- 22 Goldperlen, ø 6 mm
- Quetschperlen in Gold, ø 1,8 mm
- Organzaband in Weiß, 1,5 cm breit, beliebig lang
- 3 Plastiksterne in Gold, ø 1,5 cm
- dünner Goldfaden
- Motivlocher: „Stern", ø 2,5 cm

VORLAGENBOGEN 2B

1 Die Sterne und die Herzen sowie die Kronen ausschneiden. Die Formen zusammenkleben und mit der Plusterfarbe rundherum konturieren (Krone) bzw. mit Punkten versehen (Sterne). In der Mitte der Sterne einen Plastikstern fixieren. Über Nacht trocknen lassen.

2 Die Perlen und die Papiermotive auffädeln. Damit die Perlen nicht herunterrutschen, Quetschperlen darunter einfügen.

3 Das Organzaband auf eine Wollnadel fädeln und dann durch die Perlen mit ø 1 cm führen. Mit dem Motivlocher Sterne ausstanzen und auf das Band kleben.

Tipp: Statt Flitterpapier kann man auch Fotokarton in Weiß und Gold nehmen.

Lange Nacht

→ am Jahresende

MOTIVHÖHE
Mond und Sterne
ca. 13 cm (Mond)
Happy-New-Year-Kette
ca. 6 cm (Kleeblatt)

MATERIAL MOND UND STERNE
- Fotokartonrest in Weiß und Hellblau
- Pompon in Hellblau, ø 1,5 cm
- Nylonfaden

HAPPY-NEW-YEAR-KETTE
- Fotokartonreste in Rosa, Hellgrün und Weiß
- Hologrammfolienrest in Silber
- 2 Marienkäfer aus Holz, 2 cm lang
- Holzpilz, ca. 2,5 cm lang
- Silberdraht, ø 0,5 mm, 20 cm (Hut) und beliebig nach Länge der Kette
- Zylinder, ø 4 cm (Krempe)
- 5 Silberperlen, ø 0,8 mm

VORLAGENBOGEN 2B

Mond und Sterne

1 Zuerst den Mond ausschneiden und das Gesicht aufmalen. Die Schattierungen mit Bunt- bzw. Bleistiftabrieb aufbringen.

2 Die Mütze mit der Krempe befestigen, die Streifen und Punkte mit blauem Buntstift und Lackmalstift aufmalen. Die schattierte Haarspirale fixieren und den Pompon an der Mütze anbringen.

3 Die Sterne ausschneiden und ebenso wie den Mond mit Heißkleber auf Nylonfäden fixieren.

Happy New Year-Kette

1 Alle Teile ausschneiden. Das Gesicht des Schweinchens gestalten und die Schnauze befestigen. Den Silberdraht ganz eng um ein Schaschlikstäbchen wickeln und mit der Klebepistole von hinten an den Kopf sowie in den Zylinder kleben. Für die Banderole am Zylinder und die Halsschleife die Hologrammfolie dafür zuerst auf weißen Fotokarton kleben und dann ausschneiden. Für die Befestigung des Hutes einen Schlitz ins Ohr schneiden und diesen von hinten festkleben.

2 Das Kleeblatt ausschneiden und mit dunkelgrünem Buntstift von innen nach außen schattieren. Mit dem Zirkel die Innenlinien einritzen und die Blätter ein bisschen nach innen knicken. Die Marienkäfer fixieren. Das weiße Schild beschriften, auf grünen Fotokarton kleben und mit schmalem Rand ausschneiden. Den Pilz darauf kleben.

3 Den Silberdraht zum Kräuseln über ein Schaschlikstäbchen rollen. Zwischendurch die Silberkugeln auffädeln. Den Draht hinten an den Papiermotiven mit der Klebepistole fixieren.

Rosenkette

→ schlicht und schön

MOTIV-HÖHE
ca. 12 cm (Rose)

MATERIAL
- Fotokartonrest in Weiß
- Tonpapierrest in Hellblau und Blau
- 6 Spiegelchen, 1,5 cm x 1,5 cm
- 3 Glasperlen in Blau, ø 7 mm
- Organzaband in Hellblau, 1 cm breit, 3 x 20 cm lang

VORLAGENBOGEN 1A

(Abbildung Seite 1)

1 Die Blüten aus weißem Fotokarton zuschneiden, das Muster aufmalen und mit blauem Buntstift leicht schattieren. Die Stiele und die Blätter aus Tonpapier schneiden und an den Blattspitzen ebenfalls schattieren (siehe Tipps, Seite 3).

2 Jetzt die Teile zusammenkleben und so am Faden befestigen, dass die Rosen immer abwechselnd nach rechts und links schauen. Zwischen den Rosen jeweils zwei aufeinander geklappte Spiegelchen befestigen, die Glasperlen und die Schleifen einfügen.

Die Autorin

Pia Pedevilla lebt in Bruneck (Südtirol). Sie studierte Kunst in Gröden und Werbegrafik in Urbino. Seit Jahren ist sie im Bereich der Illustration und des Designs für Kinder tätig, entwirft Holz- und Stoffspielzeug, didaktische Spiele für Kinder im Vorschulalter, Lichtobjekte und Teppiche. Viele Jahre hat sie an der Grundschule mit Kindern gebastelt und gemalt. Heute leitet sie Fortbildungskurse für Lehrer, interessierte Erwachsene und Kinder. Im frechverlag hat sie mehrere Bücher über verschiedene Arbeitstechniken veröffentlicht.

Mehr erfahren Sie unter www.piapedevilla.com

DIESES BUCH ENTHÄLT 2 VORLAGENBOGEN

IMPRESSUM

TEXT: Dr. Ulrike Voigt
FOTOS: frechverlag GmbH, 70499 Stuttgart; Fotostudio Ullrich & Co., Renningen
DRUCK: frechdruck GmbH, 70499 Stuttgart

Auflage: 5. 4. 3. 2. 1.
Jahr: 2009 2008 2007 2006 2005 [Letzte Zahlen maßgebend]

ISBN 3-7724-3452-5
Best.-Nr. 3452